COUR D'APPEL DE PONDICHÉRY

DISCOURS

PRONONCÉ

PAR M. GUILLET DES GROIS

PROCUREUR GÉNÉRAL

LE 3 MARS 1877

A L'AUDIENCE DE RENTRÉE

DE LA COUR D'APPEL DE PONDICHÉRY

PONDICHÉRY

IMPRIMERIE DU GOUVERNEMENT

1877

COUR D'APPEL DE PONDICHÉRY

DISCOURS

PRONONCÉ

PAR M. GUILLET DES GROIS

PROCUREUR GÉNÉRAL

LE 3 MARS 1877

A L'AUDIENCE DE RENTRÉE

DE LA COUR D'APPEL DE PONDICHÉRY

PONDICHÉRY

IMPRIMERIE DU GOUVERNEMENT

1877

Messieurs,

« L'obligation de préparer, à l'occasion de la reprise
« des travaux de la Cour, le discours de rentrée, est
« à la fois pour le ministère public un précieux privi-
« lége et un devoir délicat.

« Le Procureur général, dit l'article 171 de l'ordon-
« nance de 1842, fait, tous les ans, le jour de la
« rentrée, un discours sur le maintien des lois et les
« devoirs des magistrats ; il trace aux conseils la con-
« duite qu'ils ont à tenir dans l'exercice de leur pro-
« fession, et il exprime ses regrets sur les pertes que la
« magistrature et le barreau auraient faites, dans le
« courant de l'année, de membres distingués par leur
« savoir, leurs talents et leur probité.

« C'est la reproduction des termes de l'article 34 du
« décret de 1810 auquel la justice française doit son
« organisation, souvent attaquée, toujours maintenue.
« C'était une tradition de ce parlement de Paris, l'hon-
« neur et la règle de l'ancienne magistrature, un sou-
« venir de la harangue d'apparat que les officiers du
« ministère public y prononçaient chaque année, et de
« la mercuriale plus austère et plus pratique, qui si-

« gnalait, tous les mois, les abus qui avaient pu se
« glisser dans son sein......

    « Longtemps) enfermé dans les limites précises que
« lui avait assignées le législateur de 1810, le discours
« de rentrée ne s'était occupé que des devoirs de la
« magistrature et de ceux qui incombent à ses auxi-
« liaires que l'on pourrait définir les magistrats de la
« défense. Mais après avoir épuisé un sujet qui a ses
« bornes, la logique a suggéré et l'usage a consacré de
« traiter tour à tour des questions de droit et de juris-
« prudence, de morale sociale et de science politique ;
« on a fait l'historique des institutions judiciaires ; on
« a raconté quelques épisodes glorieux ou douloureux
« de l'histoire des anciennes Compagnies ; surtout on a
« retracé la biographie des grands noms qui ont illustré
« la robe, et dont quelques-uns sont au nombre des
« gloires les plus solides et les plus pures de la patrie.

    « Nos devanciers sur ce siège ont, par d'heureuses
« excursions, apporté devant vous plus d'un de ces
« sujets que la coutume autorise, et ils les ont marqués
« du sceau de leur conscience et de leur talent. Avec
« un utile à-propos, il les ont demandés à l'histoire
« politique et judiciaire de l'Inde. Successivement ils
« vous ont fait connaître la lutte séculaire de la France
« et de l'Angleterre sur ce continent lointain, les vicis-
« situdes des institutions juridiques dans nos Etablisse-
« ments, l'organisation des tribunaux et la procédure
« civile des Anglais, nos voisins, leur législation pé-
« nale et les formes de leur instruction criminelle,
« trouvant dans cette étude comparée des raisons d'es-
« timer mieux nos lois et de mieux aimer notre pays.

    « Nous suivrons leur exemple, mais en nous rappro-
« chant des prescriptions de notre ordonnance orga-
« nique, nous dirons, à la fois, les devoirs et les fonc-
« tions du magistrat, et nous les examinerons surtout
« au point de vue du peuple qui nous entoure. Ce sera
« constater et définir la mission de la magistrature
« dans l'Inde. »

    Tel est le langage que M. le Procureur général
Aubenas tenait à vos prédécesseurs, à l'audience de
rentrée du 3 mars 1863 ; je me le suis approprié,
sans le connaître, lorsque l'année dernière j'ai été ap-
pelé, à mon tour, à prendre la parole ; nous avions

fait les mêmes études, constaté les mêmes besoins et nous étions arrivés à formuler les mêmes désirs.

« Nous sommes tenus de respecter la législation ci-
« vile des Indous ; c'est donc pour nous une obligation
« de la connaître.......

« Est-ce à dire que nous reconnaissions la supério-
« rité des lois indoues sur notre propre législation ?
« nos doctrines de civilisation par le progrès ne sont-
« elles pas offensées par cette antique et vaniteuse im-
« mobilité du droit indigène ? je suis de mon pays et
« de mon siècle ; je tiens pour le Code Napoléon et
« crois à la perfectibilité des peuples par les lois ; je
« pense donc, nous pensons tous qu'ici-bas le présent
« doit faire servir l'expérience du passé à l'amélioration
« de l'avenir. Mais nous sommes dans l'Inde, enchaînés
« par notre parole à une législation que notre esprit
« doit connaître, notre conscience appliquer, quoique,
« sur bien des points, notre raison la condamne. »

C'est ainsi que s'exprimait mon collègue lorsque pénétré, comme je le suis moi-même, de l'obligation où nous sommes d'appliquer la loi indoue, il conseillait l'étude suivie d'une législation spéciale au pays et souvent en désaccord avec la nôtre. J'ignorais qu'il eût traité cet important sujet, car je me serais empressé de mettre sous vos yeux, comme je le fais aujourd'hui, les termes heureux dont il s'est servi pour rendre la pensée qui nous est commune.

Je lui aurais fait encore un autre emprunt, car, nous nous sommes rencontrés sur une question qui se lie étroitement à celle de l'étude des lois de l'Inde :

« Mais, dit M. Aubenas, connaître la loi, le droit,
« la jurisprudence, ne suffit pas ; à cette connaissance
« il est nécessaire de joindre celle des mœurs et des
« usages de la nation à qui nous devons dispenser la
« justice. Il faut donc étudier, pour en tenir compte,
« au besoin, ces us et coutumes, dont parlent tous
« les actes législatifs que nous avons cités ; surtout,
« Messieurs, il faudrait pouvoir posséder la langue du
« pays.

« Le trait le plus saillant des mœurs indoues est ce
« régime malheureusement indestructible des castes,
« qui fait autant de nations superposées , et qu'on peut
« appeler la hiérarchie du mépris : double offense à

« notre loi civile qui est l'égalité, et à notre loi chré-
« tienne qui est l'amour. Mais cette constitution qui
« répugne à nos principes modernes fait partie des
« institutions que nous avons promis de conserver, rai-
« son suffisante de l'étudier, d'en apprendre les règles
« et les lois afin d'apporter le plus d'équité possible
« dans une iniquité sociale. »

Enfin, Messieurs, et ce n'est pas le dernier rappro-
chement que je ferai, M. Aubenas terminait son discours par cette déclaration qui est aussi la mienne :
« Pendant cette première année de notre séjour, nous
« devions étudier, pour nous-même, les devoirs, les
« fonctions, les obligations particulières, la mission
« enfin du magistrat européen dans l'Inde ; nous vous
« avons apporté le tribut de nos observations. »

Je vous ai parlé de même ; j'étais convaincu de la
justesse de mes appréciations, mais combien plus grandes
eussent été mon assurance et l'autorité de ma parole,
si j'eusse su alors que je pouvais étayer mes convictions
personnelles du témoignage d'un magistrat éminent,
d'un observateur patient et éclairé, aussi soucieux de
sauvegarder les intérêts légitimes du pays que d'assurer
à l'administration de la justice les garanties de savoir
et de dignité qui lui sont indispensables pour avoir
droit à la confiance et au respect des populations ?
J'aurais insisté, plus encore que je ne l'ai fait, sur la
nécessité d'études sans lesquelles, à mon sens, la justice ne peut être fidèlement rendue et me serais, ainsi,
étroitement conformé à l'esprit de l'ordonnance, en
vous signalant, dans l'audience solennelle de rentrée,
celui des devoirs de notre ordre dont l'accomplissement
exige de nous la plus grande somme de travail et
d'efforts.

Je ne puis vous rendre, Messieurs, l'impression que
j'ai ressentie quand un hasard heureux m'a fait connaître le discours dont je vous cite les passages ; à treize
ans de distance, je faisais cette remarque décourageante
que le pays n'avait pas changé et qu'aucun des obstacles indiqués par mon prédécesseur n'avait été fran-
chi ; je vous avouerai que si j'ai éprouvé une réelle
satisfaction à m'être trouvé d'accord avec lui, j'aurais
désiré aussi constater, au profit de notre époque, une

amélioration et des progrès, que, malheureusement je n'ai pas rencontrés.

Ecoutez et vous jugerez; M. Aubenas comprenait le devoir comme nous le comprenons tous; mais il ne se dissimulait pas, non plus que moi, les difficultés qu'il nous faudrait surmonter pour atteindre le but indiqué aux magistrats du ressort :

« Les Indous n'ont point un corps de lois; moins
« encore possèdent-ils un de ces codes spéciaux, mé-
« thodiques et précis dont la France a, dans ce dernier
« siècle, donné la formule successivement imitée par
« les nations européennes. Le droit indou se trouve dis-
« séminé dans différents recueils d'origine, de date et de
« langue diverses. Il y a peu de textes, mais un grand
« nombre de gloses et de commentaires. C'est dire qu'ici
« il faut faire acte d'érudit, avant de faire œuvre de
« juriste. Evidemment, il est plus difficile de connaître
« la loi native que de l'appliquer. »

Mais ces gloses, ces commentaires sont traduits en langue anglaise du sanscrit ou des dialectes savants du nord de la péninsule. Comment s'approprier les trésors que renferment ces monuments du droit? Comment recourir aux originaux si le sens de la traduction échappe à notre entendement? Nous n'avons pas la ressource des Pandits instruits attachés aux juridictions anglaises. Nous sentons tout le prix de la science du droit indou, et nous nous heurtons à de véritables impossibilités.

Et cependant, « toutes les constitutions des peuples
« ont dit au magistrat: Tu jugeras, et, sous aucun pré-
« texte, tu ne pourras renvoyer, sans jugement de ton
« tribunal, les parties ou les accusés. »

Il faut donc que le magistrat juge et qu'il applique la loi, et cette loi ne lui est pas connue! et cette loi, dont l'existence lui est révélée, est invoquée par une partie et déniée par l'autre ! et le devoir du magistrat est de juger!

Ce n'est pas tout : supposez une loi connue et une nouvelle question se pose : Est-elle d'application ? A-t-elle force de loi ? — Les usages locaux ne l'ont-ils pas modifiée, abrogée ? Qui le dira au juge ? Qui lui dira, où commence et où finit l'autorité des écoles du Bengale, de Bénarès, de Mithila, de Dravida et de

Maharashtra?. — Il faudra cependant que le magistrat juge !

Le tableau sera complet quand je vous aurai fait une dernière citation : « A ces difficultés de notre œuvre « s'en ajoutent d'autres nées du caractère des indigènes, « de quelques vices particuliers à un trop grand nombre, « car nous sommes loin, on le comprend, de vouloir « accuser l'ensemble de la population. Qui de vous, « Messieurs, n'a été affligé de la passion, de l'ardeur et « de la futilité en même temps avec lesquelles trop « souvent les Indiens se mettent à la poursuite de ce « que dans leur ignorance ou leur avidité, ils croient « être un droit, un intérêt civil, dépassant de bien loin « nos provinces de France dont la réputation est, à cet « égard, la plus proverbiale ? On dirait parfois chez eux « un pari de joueurs surexcités ou un divertissement « d'oisifs. C'est à regretter presque l'exiguité des chiffres « de notre tarif de procédure locale, qui permet aux « plaideurs d'apporter si facilement des causes dé- « risoires en justice, facilité qu'accroît encore la faculté « qu'ils ont d'y présenter eux- mêmes leurs moyens.

« Mais une difficulté bien autrement grave, un péril « bien plus grand se trouve dans ce penchant trop ré- « pandu au mensonge, au faux témoignage, pour l'ap- « peler par son nom, qui, si souvent, dans l'accomplisse- « ment de notre mission, fait notre effroi et notre indi- « gnation. Nous avons trop autour de nous, habitués, « assidus à nos débats judiciaires, de ces hommes prêts « par passion et quelquefois par un intérêt vil à se di- « viser en deux camps, celui de l'accusation et celui de « la défense, et qui ont acquis à ce métier détestable « une dangereuse habileté. »

Ce qui était vrai en 1863 est encore vrai aujourd'hui; rien n'est changé; nous nous trouvons toujours en présence des mêmes difficultés, des mêmes vices et toujours aussi l'obligation du travail, du savoir, est imposée à la conscience du magistrat. Quelle conclusion tirer Messieurs, de ce triste tableau sinon que près de quatorze années sont perdues pour l'avancemnt de notre colonie?

J'avais donc raison de vous dire l'année dernière: *Sursum corda!* Travaillons! — Surmontons nos répugnances, nos dégoûts! travaillons! ne nous laissons pas abattre par le découragement! affrontons résolument ces obstacles! travaillons, pour l'avenir de ce pays, pour l'accomplissement de nos devoirs et la satisfaction de notre conscience, pour l'honneur de notre patrie !

Je me propose aujourd'hui de rechercher avec vous si, dans le courant de l'année judiciaire qui vient de finir, nous avons réalisé le programme que nous nous étions tracé et de vous soumettre le projet de nos travaux pour l'année dans laquelle nous entrons.

Permettez-moi, Messieurs, avant d'aborder ce sujet, de revenir encore à l'époque où M. le Procureur général Aubenas portait la parole et de vous faire connaître les remèdes qui furent apportés alors à une situation dont les magistrats signalaient les dangers.

Quelles règles avait-on posées, ou plutôt, quels désirs avait-on formés ?

— Il faut s'instruire, avait-on dit ; il faut étudier la loi indoue. — Chacun avait acquiescé, chacun avait goûté l'excellence du conseil ; mais où trouver les moyens de le suivre avec profit ? Les magistrats ne savaient pas l'anglais ; la source leur était indiquée, ils n'y pouvaient puiser.

— Il faut se pénétrer bien, avait-on ajouté, des mœurs, des usages, des coutumes et comme le peuple est processif, comme le mensonge, la mauvaise foi, le faux témoignage lui sont familiers, il est absolument nécessaire de se passer d'intermédiaires n'inspirant pas une confiance suffisante ; il faut *surtout* parler la langue du pays.

Ces *desiderata* n'étaient pas formulés sans réflexion, sans avoir mûrement étudié le pays. Deux ans après, en 1865, M. Aubenas revenait sur ce sujet et confirmait ses premières et sages appréciations. « ... L'obligation « d'appliquer aux Indiens leurs lois, a, pour corollaire, « celle de les connaître ; et de là, la nécessité impé- « rieuse de les étudier. Grande tâche et dur labeur.....

« Combien cette étude serait facilitée, si nous con- « naissions la langue du pays, et que d'embarras nous « crée la difficulté, presque insurmontable, d'ap- « prendre, si ce n'est avec beaucoup de peines, de « temps et même de sacrifices pécuniaires, cet idiôme « bizarre, original, savant, antique, le tamoul, qui dé- « rivé ou contemporain du sanscrit, forme la langue na- « tionale des trente millions d'habitants de la côte de

« Coromandel ! Enquêtes civiles, informations cri-
« minelles, débats d'audience, tout, dans les opérations,
« dans les investigations qui précèdent la décision du
« magistrat, soit comme ministère public, soit comme
« juge, tout se fait en langage natif, inconvénient que
« ne peut racheter l'insuffisance forcée de l'interpré-
« tation........

« Connaître l'idiôme du pays dans la réception des
« plaintes, des explications et des témoignages des in-
« digènes serait, pour nous, la seule, pure et complète
« garantie de conscience. . . . »

Les magistrats qui assistèrent en 1863 et en 1865 à
la rentrée de la Cour, sauf M. le Président Laude, ne
savaient ni l'anglais, ni le tamoul ; ils n'entreprirent
pas l'étude de ces deux langues. Le Chef du service
judiciaire qui donnait le conseil eût certainement reculé
devant une injonction qu'il ne lui appartenait pas de
faire. Pourquoi eussent-ils appris le tamoul ? A peine
sont-ils arrivés dans l'Inde qu'ils aspirent à en sortir;
les obligations du service y sont souvent au-dessus des
forces humaines ; la Cour est chargée plus qu'aucune
Cour des grandes colonies; le Tribunal, composé d'un
magistrat, jugeant au civil et au commercial, voit un
aussi grand nombre d'affaires que les tribunaux chargés
de la métropole ; et les traitements, plus faibles que
partout ailleurs, n'apportent aucune compensation aux
fatigues, aux responsabilités échues aux magistrats.
Comment exiger d'eux un labeur excessif pour apprendre
une langue dont ils ne feront pas usage dans une autre
résidence ? A quoi servirait le tamoul au juge destiné
à statuer sur les procès des Kanaks, des Taïtiens, et
des Annamites ?

De 1863 à ce jour, vingt-trois magistrats ont successivement occupé les sièges de la Cour, composé d'un
Président et de trois conseillers ; douze conseillers auditeurs s'y sont succédés.

Dans cette même période le Tribunal de première
instance a vu passer six juges présidents, sept lieutenants
de juge, sept procureurs et dix-neuf juges suppléants.

Nous ne pouvons pas, en toute justice, reprocher
aux magistrats de ne s'être pas livrés à des études
qu'ils n'auraient pas eu le temps de mener à bonne fin.

Cependant, Messieurs, comme je vous le disais, il

n'y a qu'un instant, le magistrat ne se peut refuser à juger et il faut, de toute nécessité qu'il applique cette loi, qu'il entrevoit à peine et qui se tient toujours hors de sa portée.

M. Aubenas avait compris, soyez en convaincus, l'abîme immense qui séparait le principe de l'application utile et loyale qui doit en être faite. Les justiciables d'aujourd'hui sont, comme alors, à la barre de nos juridictions, affirmant avec la même énergie leur droit à être jugés d'après leurs lois ; peu leur importe qu'on critique ces lois, qu'on les trouve surannées, sans application qui leur soit actuellement favorable ; ils ont reçu la promesse que leurs lois seraient observées, ils exigent que les engagements solennels soient religieusement tenus. Leurs prétentions étaient fondées, il les accueillit, mais se dressa alors devant lui l'obstacle infranchissable de notre ignorance des langues sans lesquelles le livre de leur loi nous restait fermé. L'obstacle serait-il plus grand que son ardeur pour le bien ? Son dévouement serait-il impuissant à le vaincre ?

Non ; mais il cessa une lutte ouverte qui ne lui promettait aucune chance de succès. Arrêté, dans sa route, au pied de la montagne, et ne pouvant en gravir les pentes escarpées il en contourna les flancs, traçant à ses successeurs une voie dont la solidité et la sûreté compenseraient la longueur.

Il créa les cours de droit ; il appela les Indiens à étudier la loi française ; il convia ce peuple dont la législation nous était peu connue, à connaître la nôtre : l'effort était patriotique ; c'était un acte de dévouement et en même temps une mesure de haute politique. Nous avions promis d'observer la loi indoue lorsque nous aurions pu imposer la loi française ; mais, comme le proclame l'arrêt de cassation du 16 janvier 1852 : « l'engagement que nous avons pris n'interdit pas aux « Indiens, sujets français, le droit de se soumettre librement et volontairement à l'empire des lois françaises « et d'en recueillir les avantages en en observant les « commandements. »

Pourquoi l'esprit éclairé et vraiment noble dont j'étudie la pensée n'aurait-il pas conçu le généreux projet de faire échec à « l'antique et vaniteuse immobilité du droit indigène ? » Et cette pensée ne vient-elle pas

diguement confirmer sa profession de foi que nous
devons toujours avoir devant les yeux: « Nous devons
« et voulons faire justice; nous la voulons faire à tous,
« et, dans ce pays des classes et des castes, il n'est, pour
« les magistrats français, ni pariahs, ni deshérités ; la
« porte de nos tribunaux est ouverte à la plainte et au
« droit. »

Il nous était plus facile d'enseigner le droit français
que de nous instruire du droit indou: il fallait tenter
l'effort de ce côté ; l'arrêté du 20 mars 1867 jeta les
premières bases d'un enseignement entrepris dans
l'intérêt de toutes les classes de notre population.
Quand je dis « les premières bases », je ne suis point
exact : une tentative, en ce genre, avait eu déjà lieu
en 1838 et d'après le rapport qui précède l'arrêté
de 1867, la cessation des conférences inaugurées
en 1838 a été amenée par un défaut de zèle et de
dévouement chez ceux qui s'en étaient chargés.

Des cours furent donc ouverts en 1867 ; M. Laude,
Président de la Cour, enseigna le droit indou;
MM. Moussoir et Bulan, conseillers se chargèrent, le
premier, du droit civil, le second, du droit commercial;
M. d'Epinassous, juge-président, fit le cours de procédure civile et M. Boulay-Duparc, chef du parquet de
1re instance, celui de droit criminel. L'instigateur de
la mesure, se reportant à l'insuccès de 1838, terminait
ainsi son rapport, inséré au *Bulletin officiel de la colonie*. « Un tel résultat n'est point à craindre de la
« part des magistrats qui, à mon appel, ont accepté avec
« un empressement si louable et si méritoire une mission
« qui leur était proposée dans l'intérêt de toute les classes
« de notre population. La magistrature, en acceptant
« cette tâche laborieuse avec le sincère désir d'y apporter
« le zèle persistant qui seul peut en assurer le succès,
« n'a qu'un but, celui d'être utile et qu'une espérance,
« celle de voir la réussite de ses efforts. »

Les magistrats prirent à cœur de bien remplir la
lourde tâche qu'ils s'imposaient; n'était-ce pas pour
eux un devoir que de répandre l'instruction du droit,
que de rendre ainsi plus facile l'administration de la
justice? Nos devoirs ne s'étendent-ils pas à l'infini ? Ne
se traduisent-ils pas en deux mots: « Abnégation et dévouement »? N'empruntent-ils pas toutes les formes

pour se résumer en un seul acte qui doit absorber notre
vie « le travail » le travail pour le bien public, pour
notre honneur, pour notre dignité et pour notre satisfaction intime !

Ce fut ainsi compris en 1867; mais quelques mois
s'étaient à peine écoulés que M. Moussoir était nommé
à la Réunion, MM. Bulan et d'Espinassous étaient di-
rigés sur la Cochinchine; quand M. Aubenas, au com-
mencement de 1868, rentrait en France y prendre un
repos nécessaire à sa santé, l'institution qui devait être
si féconde en résultats heureux pour ce pays, était
abandonnée. La cause de la civilisation par l'instruction était encore une fois ajournée.

Ne croyez pas, Messieurs, que ce soient là de grands
mots appliqués à de petites choses ; soyez persuadés
que nos modestes cours de droit ont une réelle importance et influeront dans une large mesure sur l'avenir
du pays qu'ils moraliseront.

Vous avez fait votre devoir en reprenant l'œuvre de
nos devanciers pour la continuer et assurer les avantages
qu'elle est appelée à procurer. Il y avait, de votre part,
du mérite à le faire, car, après deux essais infructueux,
il était permis de ne pas croire au succès du troisième
et de manquer de la confiance nécessaire, en pareille
circonstance, pour aborder une entreprise condamnée
avant de naître.

J'étais frappé, comme M. Aubenas, des résultats
auxquels nous pouvions prétendre et cependant j'ai
longtemps hésité; je ne doutais pas de vous, mais seu-
lement de moi. Intimement convaincu de la portée
d'une action dont je touchais du doigt les avantages,
je me demandais anxieusement pourquoi nos devanciers
n'avaient pas réussi et s'il n'y avait pas quelque raison
secrète d'un échec encore inexpliqué pour moi. Je ne
voulais pas enfin vous occasionner un surcroît de travail
et de fatigue sans utilité pour la cause que nous devons
servir.

M. le Gouverneur a dissipé mes craintes; il avait
confiance dans le zèle des magistrats, il comptait sur
leur dévouement et ne doutait pas du succès s'il dépen-
dait d'eux; c'est à son initiative puissante que l'institution doit sa création ; le bienveillant intérêt, dont il n'a
cessé d'entourer cette œuvre, assure sa vitalité ; il dépend

maintenant de vous de la rendre profitable et glorieuse.

Avons-nous fait notre devoir ?

Et d'abord, quel but poursuivions-nous ?

Le législateur de 1838 constate « qu'il n'existe à « Pondichéry que *bien peu* de sujets en état de remplir « les places vacantes dans les tribunaux ; qu'il faut re- « connaître que le manque de moyens d'instruction et « l'absence totale de ressources pour étudier le droit sont « la cause première de cette pénurie. »

Le législateur de 1867 s'exprime ainsi : « Il est su- « perflu, en effet, de faire ressortir l'utilité d'un pareil « enseignement pour tous les auxiliaires de la justice, « pour ceux qui se destinent aux fonctions de conseils « agréés, de greffiers, de commis-greffiers, d'interprètes, « d'huissiers etc., etc. Il peut être utile aussi aux jeunes « gens qui désirent entrer dans la carrière du commis- « sariat de la marine. Mais il est une considération plus « importante encore qui milite en faveur de l'institution « de ces cours ; peut-être la métropole voudra-t-elle con- « sentir à ce que les jeunes gens du pays qui, après « examen, auront obtenu des certificats d'aptitude puis- « sent obtenir, dans les Facultés de la métropole, des « rémises d'inscriptions, qui soulageraient leurs familles « d'une partie des frais qu'entraîne un cours régulier de « droit, ce qui serait le seul moyen de rendre possible le « recrutement local de la magistrature de l'Inde. »

Le but de nos devanciers est devenu le nôtre. Je ne reviendrai pas sur le tableau que je vous ai tracé, l'année dernière, de l'insuffisance regrettable et absolue des agents auxiliaires de la justice, de leur ignorance des principes les plus élémentaires du droit, de leur inobservation des formes protectrices des intérêts qui leur sont confiés.

Nous nous sommes proposé de donner une instruc- tion surtout pratique, d'expliquer la loi, d'exposer les principes, d'apprendre aux étudiants les règles d'analyse et de synthèse à l'aide desquelles ils fussent en état d'arriver par le raisonnement à des solutions vraies, con- formes à nos monuments de jurisprudence. Droit ci- vil, procédure, droit commercial, droit criminel, nous avons tout embrassé dans notre programme et chaque jour a vu la jeunesse studieuse se grouper au pied de cette chaire pour recueillir l'enseignement de l'un de nous

Ce n'était pas encore le programme de France ; c'était un essai. Comment la population répondrait-elle à notre appel ? Il était d'ailleurs indispensable de sonder le terrain, de constater le niveau d'instruction générale et l'aptitude des étudiants à s'approprier nos leçons. Il fallait enfin, puisque nous ne sommes pas sûrs ici d'un lendemain, donner la plus large dose possible de connaissances, pendant que nous y sommes.

L'épreuve est faite aujourd'hui et je renouvelle ma question : Avons-nous fait notre devoir ?

Oui, Messieurs ; il appartenait aux magistrats et pas à d'autres de former un noyau d'hommes destinés à prêter leur concours à l'administration de la justice, d'enseigner la loi française à ceux qui contribuent à son application. Comme professeurs, dans cette salle où nous sommes, du haut de ce siège, nous avons, en répandant sur un public avide de s'instruire, les vérités du droit, sa morale et sa logique puissante, fait, chaque jour, acte de magistrats. Nous avons fait notre devoir.

La tâche fut parfois pénible ; des difficultés surgirent que nous n'avions pu prévoir. Qui eût pensé qu'après deux mois d'exercice deux de nos collègues, MM. Maissonneufve et Ducroux, nous quitteraient pour rentrer en France ? Qui eût pensé que des questions de caste pussent venir s'agiter dans cette enceinte ? Ces incidents nous laissèrent calmes ; nous n'avions pas la prétention de bien faire sans éveiller d'injustes défiances ; nous n'avions pas la prétention de combattre l'ignorance et l'incapacité, sans ameuter les ignorants et les incapables. Quatre-vingts étudiants s'étaient inscrits, la moitié nous en est restée assidue, confiante ; c'était assez pour soutenir notre résolution. Ne faisions-nous pas notre devoir ?

Votre zèle a déjà reçu sa récompense : Les élèves ont profité de vos leçons ; le Ministre a reconnu vos efforts et vous a adressé des félicitations bien méritées ; enfin, le département de l'instruction publique, sur la demande du Ministre de la marine, a accordé à notre Faculté naissante, l'équivalence des études.

Ces premiers succès sont dûs à vos efforts soutenus ; vous avez atteint, après une année de travail, le but que se proposaient nos collègues en 1867, « l'équivalence des études » ; c'est à vous que les familless eront redevables de l'adoucissement apporté aux sacrifices bien lourds qu'exigeait l'instruction supérieure nécessaire à leurs enfants.

Les étudiants sont dignes de la faveur insigne qui leur est accordée; les examens de fin d'année sont terminés. Vingt-cinq se sont présentés devant nous. Quelle n'a pas été notre satisfaction de constater leur aptitude, leurs dispositions au travail, leur prodigieuse mémoire, la netteté de leurs explications ! Ils étaient émus, intimidés et vous avez été surpris de l'à-propos de leurs distinctions et de la sûreté du jugement de la plupart d'entr'eux. Le niveau d'instruction moyen est très-rémarquable ; les examens vous ont donné la mesure des aptitudes réelles de nos élèves à l'étude du droit et vous permettent de fonder votre espoir du succès sur des données certaines, incontestables.

Car vous savez, Messieurs, si ces examens ont été sévères, si les élèves ont été scrupuleusement interrogés ; l'arrêté de 1838 fixait la durée de l'examen à une heure pour quatre candidats ; nous étions cinq examinateurs et l'examen des quatre candidats a toujours duré trois heures et même davantage.

Ces résultats sont considérables et vous les avez obtenus parce que vous avez fait votre devoir.

Oui ; vous avez fait votre devoir, vous, qui avez pris charge d'enseigner le droit civil!

Vous avez montré la voie nouvelle ; vous avez fait la lumière ; vous avez dit, comme M. Aubenas, « la loi « française ne connaît ni parias, ni deshérités, » elle est une pour tous, également protectrice de tous les intérêts ; vous avez convié vos élèves à étudier les dispositions législatives qui concernent l'état des personnes, l'exercice des droits du citoyen. Vous leur avez expliqué ce code qui proscrit les distinctions de classes, de castes, d'ordres, qui veut tous les citoyens égaux devant la loi. Il n'y a ni brahmes, ni soudras.

Ils savent aujourd'hui que notre loi sociale ne connaît que deux classes : dans la première, sont ceux qui travaillent, des mains ou de la pensée, qui, utiles à eux-mêmes, sont utiles à leurs semblables, s'honorent par le culte du devoir, par la pratique de la vertu et concourent à la vie, au progrès de la société ainsi qu'à sa conservation. Dans la seconde, sont les incapables,

les ignorants, les paresseux d'esprit et de corps, ceux qui ne savent rien, n'apprennent rien, ne sont bons à rien, les inutiles enfin, véritables parasites, qui, impuissants pour le bien, sont, pour la société, la lèpre hideuse qui ronge et qui détruit ; aux premiers, l'honneur et l'estime ; aux derniers le mépris.

Ils savent que la loi civile n'a pas de privilégiés ; elle protège et défend avec la même sollicitude tous les citoyens ; l'enfance, la faiblesse de corps et d'esprit sont, de sa part, l'objet d'une constante prévoyance ; mais tous les faibles ont un droit égal à sa sollicitude.

Les hommes sont égaux ; les femmes ne sont pas esclaves. Nos textes sur le mariage, présentent la femme comme la compagne de l'homme, compagne honorée, respectée ; elle a un appui, un soutien, elle n'a pas de maître.

A chaque page, à chaque ligne, nos codes nous montrent la loi morale et la loi civile étroitement unies, confondues ; le mariage, cette institution providentielle, y resplendit d'éclat et de dignité. La femme est associée à la puissance paternelle ; elle est mère, puissante par son dévouement et son amour ; elle est l'ange du foyer domestique ; elle en est l'âme et la vie.

Croyez-vous qu'il ne soit pas avantageux au peuple, que nous administrons, de connaître la philosophie et la morale de notre droit ? Croyez-vous qu'il ne gagnera pas à comprendre nos principes et à les comparer à ceux qui forment la base de sa législation ? Croyez-vous que, saisissant, avec l'intelligence vive que vous lui voyez, les bienfaits qui découlent de notre loi, il n'arrivera pas, un jour, à vouloir le progrès et à rougir de l'immobilité ?

Je continue : vous avez exposé la théorie de notre état-civil ; vous avez montré l'ordre social intéressé à la constatation des naissances, des mariages et des décès ; nos étudiants ont vu avec surprise l'autorité administrative et le pouvoir judiciaire veiller à la tenue des actes qui prouvent les liens de la famille et certifient l'état des citoyens ; ils ont compris ces théories et ne s'imagineront plus désormais que l'état-civil n'est qu'un mode de recensement en vue de l'établissement d'un impôt de capitation.

Croyez-vous que vous n'ayez pas fait œuvre méri-

toire en essayant de convaincre nos administrés de la
nécessité d'un état-civil conforme à la loi française, en
leur montrant la prévoyante sollicitude de notre loi
qui, par des actes, consacre le nom patronymique des
citoyens, indique et détermine leur filiation, relie la
famille au corps social, et prévient ainsi les dangers
d'une preuve testimoniale sur des questions aussi im-
portantes ? Le plus sûr moyen, à mon sens, de détruire
une mauvaise pratique n'est pas de la critiquer, on
n'est pas toujours compris, mais c'est de placer en
regard des vices de cette pratique les avantages de celle
qui est bonne. L'homme reste sourd à la raison et
prête l'oreille à l'intérêt.

Vous avez traité les matières si intéressantes con-
cernant les droits des pères et des tuteurs, leurs devoirs comme chefs de famille et comme administrateurs,
les devoirs des enfants et des mineurs. Croyez-vous
qu'il soit indifférent que vous ayez exposé les règles
de haute morale et de justice que le législateur a
semées dans nos lois ?

Et quand l'un de vous a abordé la théorie des obligations, a posé les principes sur lesquels reposent les
contrats, croyez-vous que ses efforts soient stériles et
qu'il soit inutile d'apprendre à une population malheureusement trop portée au mensonge et à la fraude,
le culte, le respect de la parole donnée, la fidélité aux
engagements, l'honnêteté enfin et la délicatesse ?

Soyez persuadés que vos efforts porteront ses fruits,
que votre œuvre patiente de vulgarisation de notre loi
est appelée à moraliser le peuple, à l'entraîner vers
le progrès. Vous respectez la loi indoue ; vous ne la
blâmez ni la critiquez, mais vous placez en face de
cette loi, la nôtre qui est bonne toujours, qui accorde
toutes les garanties, protège tous les intérêts et sauvegarde, en toute circonstance, la dignité et la liberté
de l'homme.

J'estime que vous avez fait votre devoir.

Et la loi de procédure ? croyez-vous que l'enseignement n'en soit pas de première nécessité ?

Vous administrez le peuple le plus processif qui soit
au monde : les tribunaux sont envahis par les plaideurs que rien ne rebute, qu'aucune considération
n'arrête : la fortune se perd inutilement en chicanes

parfois ridicules, souvent odieuses, la misère assaillit les familles : du haut de vos sièges vous comptez les turpitudes, vous enregistrez les fraudes, vous nombrez les actions mauvaises, mal introduites, vous calculez les frais non justifiés qu'entraînent après elles des pratiques que rien n'explique, que rien n'autorise ; et vous resteriez impassibles, vous ne regarderiez pas comme un devoir rigoureux de moraliser la lutte, de marquer les règles du combat, de prévenir les dépenses inutiles et les frais frustratoires ? Vous manqueriez alors au devoir qui vous incombe.

Il vous appartient d'assurer le cours de la justice de telle sorte que les plaideurs de mauvaise foi ne se fassent pas un jeu des facilités offertes par notre loi pour la sauvegarde des intérêts et la satisfaction des besoins légitimes ; il faut que l'action judiciaire se justifie, qu'elle ne soit pas une menace, un chantage, un moyen de ruiner en frais un adversaire contre lequel on n'a pas de droits à exercer.

Vous l'avez bien compris ; votre enseignement théorique et pratique a pénétré les esprits ; nous avons pu juger, dans les examens, dans un récent concours, les élèves qui suivent vos cours ; ils vous font honneur, ils témoignent de l'excellence des résultats que vous obtiendrez certainement.

C'est une matière aride ; elle ne parle pas à l'imagination et au cœur comme les principes du Code civil, elle s'adresse à la raison qu'un intérêt préoccupe ; mais dans ces formes de procédure, si sèches, enveloppées d'un langage presque barbare, se trouvent toujours des considérations de prudence, d'honnêteté et de loyauté dont le but est de rechercher la vérité, d'exposer le droit et le moyen de le constater et d'établir les points sur lesquels le juge portera son examen et rendra sa décision. Croyez-vous qu'il soit inutile de veiller à ce que la religion du juge ne soit pas surprise, à ce que les plaideurs soient instruits des règles qui protègent la demande et la défense, à ce que l'on évite des involutions de procédure coûteuses qui font douter de la justice et amoindrissent son prestige ?

Je vous ai dit, l'année dernière, combien j'étais douloureusement affecté de l'influence néfaste des procureurs sur l'esprit des justiciables ; je ne savais pas m'être rencontré sur cette question avec M. Aubenas qui s'exprimait ainsi en 1865 : « Plus qu'aucun peuple, l'Indien « est processif. L'arène judiciaire est, pour lui, un jeu, « un défi, un combat où son goût de la lutte, distraction « d'une nonchalence ennuyée, ses passions affectueuses « ou haineuses , quelquefois sa duplicité dangereuse, ou « son âpre avidité, se donnent pleine carrière. Et, ce pen- « chant, qui semble traditionnel , est trop souvent solli- « cité, surexcité par ces limiers judiciaires que l'on trouve « ici, plus qu'ailleurs, dans les bas-fonds de la chicane ; « ces procureurs, comme les appelle le dédain populaire, « sans mission et sans pudeur, qui vivent de la brouille « des familles , de la haine de citoyens , des scandales « publics, abusant de l'ignorance, et l'on dirait de l'imbé- « cilité des plaideurs, pour les pousser aux procès les « plus risqués, les plus fous ou les plus immoraux. »

Ces hommes sont, à mon avis, les véritables sangsues du peuple indien. Je les poursuis rigoureusement quand on dénonce ceux de leurs agissements qui constituent des crimes ou des délits ; mais j'estime qu'un des plus sûrs moyens de les combattre , de tuer leur industrie malsaine, c'est de vulgariser les règles du droit et surtout celles de ses règles qui ont trait à la procédure.

Ce que je leur reproche, avant toutes choses, c'est d'être malhonnêtes et ignorants. S'ils savaient le droit et l'appliquaient loyalement, ils rendraient des services en apprenant aux justiciables que des torts qu'ils éprouvent peuvent être redressés, en empêchant les spoliations si fréquentes dont les femmes et les mineurs sont les victimes ; je le proclame hautement, je soutiendrais ces hommes s'ils se faisaient honnêtement les redresseurs des torts dans un pays où l'oppression des castes paralyse souvent l'exercice des droits. Mais, ils sont malhonnêtes, ils suscitent les procès dans leur seul intérêt, en vue du gain de quelques roupies; ils inventent les actions, les pièces pour les soutenir, ils citent à tort et à travers devant les juridictions ; ils persuadent l'existence de droits imaginaires ; ils pratiquent le mensonge, la fraude. abusent de l'ignorance et de la crédulité des parties et ils ne savent pas le droit.

Je ne veux pas de ces hommes et je vous affirme qu'ils disparaîtront sous le mépris et les malédictions du peuple lorsque, grâce à votre enseignement. grâce à l'instruction que vous aurez répandue, il se trouvera des hommes capables d'éclairer les justiciables et de leur dire : « On vous trompe, vous n'êtes pas dans la vérité du droit, on vous leurre d'un espoir chimérique en vous faisant croire à un droit qui n'existe pas. Vous citez devant une juridiction sans autorité dans le cas particulier où vous êtes. Les actes qu'on dirige contre vous sont nuls. Ceux que vous dirigez contre votre adversaire sont sans portée juridique. Vous faites des frais inutiles, etc., etc.

Si nos auditeurs sont destinés à devenir des procureurs, je suis tout disposé à m'en applaudir ; je parlais, à l'instant, des élèves de votre cours et vous félicitais du résultat de vos soins persévérants. Vous leur apprenez le droit, mais vous leur inculquez aussi les principes de morale qui s'y trouvent proclamés et qui ne leur permettront pas de faire le mal ; ils seront pour le peuple de bons conseillers. — S'ils font le mal, il s'en rencontrera toujours parmi eux qui résisteront à l'influence malhonnête et le démasqueront. — Si tous n'ont que de l'habileté, du savoir et n'ont pas de conscience, ils déjoueront mutuellement leurs entreprises coupables et s'entre-dénonceront ; — ils ne seront plus à craindre.

La connaissance du droit, j'en suis convaincu et voudrais vous faire partager ma conviction, conduit à l'apaisement des différends, à la suppression des mauvaises pratiques, à l'extinction des procès que l'ignorance fait naître et entretient.

Vous parlerai-je du droit commercial ? vous signalerai-je les avantages qu'il y a à le connaître ? Voilà des justiciables en rapports de commerce avec l'Europe, avec les mandataires des commerçants d'Europe : leur est-il indifférent de savoir comment se régleront leurs affaires ? quels seront leurs moyens d'action ? quelles garanties ils sont en position d'exiger ou de consentir ? quelles formes leurs contrats devront revêtir pour qu'ils soient executés ? quelle protection ils trouveront devant la juridiction spéciale aux actes de commerce et au commerçant ? c'est une juridiction imposée ; n'y a-t-il pas justice rigoureuse à les éclairer sur le sens et la portée des lois qui leur sont applicables ?

Quant au droit criminel, est-il nécessaire de justifier l'enseignement qui en est fait ?

« Nul n'est censé ignorer la loi » ; or, la loi de police générale est imposée par le législateur français à un peuple dont les mœurs et les idées sont en complet désaccord avec les nôtres et elle lui est notifiée dans un langage qu'il n'entend pas ; elle s'adresse à un peuple que le législateur indou a divisé en castes, les unes placées au-dessus de la loi et les autres au-dessous ; pour les premières, l'impunité, ou tout au moins des peines illusoires ; pour les dernières, la rigueur excessive, les peines corporelles, le rotin, le bâton, la mutilation, la mort. Tout ce monde s'agite sans vivre, écrasé sous le poids de ce que M. Aubenas appelle énergiquement « une iniquité sociale. »

Et voici que la loi française vient dire à ce peuple, par la bouche de l'un de nos collègues : « Que les méchants soient les seuls à trembler, mais qu'ils tremblent tous ! il n'y a devant moi ni brâhmes, ni pariahs ! ni privilégiés, ni deshérités. Je réprime et punis la faute de quelque part qu'elle vienne. Je pèse la criminalité de l'acte, la responsabilité de l'agent plus ou moins capable de comprendre la portée et la gravité de l'infraction commise ; je ne m'occupe du rang, de l'éducation, de la naissance que, pour y voir, le plus souvent, des circonstances aggravantes parce qu'aux yeux de la morale, la faute est plus grande quand celui qui l'a commise devait l'exemple, quand, par son éducation, par son instruction, il devait être plus éloigné qu'un autre de la commettre. Je suis la même pour tous. Je suis humaine, équitable. Je punis et ne me venge pas. Je ne frappe pas. La mutilation me fait horreur. Je ne dégrade pas le corps, je ne l'avilis pas ; mes sévérités s'adressent à l'esprit du mal. Je combats le vice, le crime qui attentent à la conservation de l'ordre social et je poursuis de tous mes efforts la correction du coupable et son retour au bien. »

Croyez-vous, Messieurs, que ce langage ne soit pas de nature à frapper l'imagination des hommes et à provoquer de leur part des réflexions sérieuses et des comparaisons singulièrement à l'avantage de nos mœurs et de nos lois ? Croyez-vous que ces principes développés avec l'accent de la conviction, que ces principes de justice, de morale et d'humanité soient sans effet sur la civilisation et ne conduisent pas au progrès ?

La théorie des peines et de leur gradation, celle de la récidive, celle de la complicité ont été exposées. Croyez-vous qu'il n'y ait pas un intérêt de premier ordre à expliquer la responsabilité et la raison de l'excuse ? A faire surtout bien comprendre qu'il n'est pas permis de se faire justice, que personne n'est au-dessus de la loi et que l'autorité du chef de famille a ses limites, comme celle du maître sur son serviteur et celle du directeur sur son élève ? Croyez-vous enfin qu'il n'y ait pas une grande importance à familiariser le peuple avec ces dispositions de notre loi qui proscrivent l'arbitraire : qu'il n'y a de peines que celles fixées par la loi et qu'elles ne sont applicables qu'aux crimes et délits spécifiés par la loi.

Voilà, Messieurs, le résumé de nos travaux et nous pouvons dire que nous avons fait notre devoir ; nous avons donné tous nos soins à cet enseignement qui, n'en doutez pas, profitera à l'administration de la justice.

Que nous reste-t-il à faire ?

Le programme de nos études est changé ; il est conforme à celui des Facultés de France ; les élèves pourront ainsi jouir de la faveur qu'ils doivent à la bienveillance du Ministre.

Pour nous, les devoirs sont les mêmes : nous continuerons nos efforts ; « succès oblige » nous les continuerons simplement, mais résolument parce que là est le devoir ! des étudiants qui suivent nos cours, nous ferons des hommes, des hommes utiles à leur pays, des auxiliaires précieux pour nos successeurs. Nous aurons fait notre devoir !

MESSIEURS LES CONSEILS AGRÉÉS,

L'instruction est le levier le plus puissant qui soit mis à la portée des hommes et des peuples pour les avancer dans la voie du progrès ; nous comptons sur vous pour donner, comme nous, l'exemple du travail et du dévouement au devoir.

L'année dernière, j'ai donné à quelques-uns d'entre vous des conseils qu'ils ont négligé de suivre ; je les leur rappelle aujourd'hui, et désire, dans leur intérêt, qu'ils se hâtent de les mettre à profit.

www.ingramcontent.com/pod-product-compliance
Lightning Source LLC
LaVergne TN
LVHW050331030726
842520LV00005B/1873